DRAUSSEN SCHMECKT'S NATÜRLICH BESSER

FÜR FRISCHLUFT-FANATIKER UND CLEAN EATER

Andrea Martens Jo Kirchherr

DRAUSSEN SCHMECKT'S NATÜRLICH BESSER

Schnelle Kleinigkeiten für Picknick, Camping und Outdoor

AT VERLAG

© 2017
AT Verlag, Aarau und München
Lektorat: Nicola Härms, Rheinbach
Fotos: Jo Kirchherr, www.jokirchherr.com
Foto Seite 16 oben: Spitzwegerich, tunedin, Fotolia.com
Foodstyling: Andrea Martens, www.gutforfood.de
Grafische Gestaltung und Satz: Andrea Martens,
www.gutforfood.de
Druck und Bindearbeiten: Printer Trento, Trento
Printed in Italy

ISBN 978-3-03800-963-4

www.at-verlag.ch

Der AT Verlag, AZ Fachverlage AG, wird vom Bundesamt für Kultur
mit einem Strukturbeitrag für die Jahre 2016–2020 unterstützt.

INHALT

REZEPTE TO GO 19

REZEPTE MIT KOCHER 77

REZEPTE MIT GRILL 93

NASCHEREIEN 117

DRINKS 132

SIND WIR STUBENHOCKER?

Natürlich nicht!
Freunde anrufen, einsammeln und ab ins Freie. Durchatmen, die gute Luft riechen und natürlich
ESSEN!

DRAUSSEN SCHMECKT'S NATÜRLICH BESSER

Die schönsten Momente am Tag sind für uns oft jene, wenn uns die ersten Sonnenstrahlen an der Nase kitzeln. Dann wacht man langsam auf und realisiert, dass man in seinem geliebten VW-Bus oben im Dach liegt. Ja, wir haben einen. Jos ist weiß, meiner braun. Wind kommt langsam auf, Vögel machen Lärm, und man hat eine Ahnung davon, wie der Tag werden könnte. Ganz ehrlich, da denke ich oft, das ist es. Darauf kommt es an im Leben. Ums Draußensein.

Mein nächster Gedanke ist dann meistens: HUNGER! Und so kam uns die Idee zu dem Buch. Wenn man in der Natur ist, so ganz bei sich, macht es überhaupt keinen Sinn, Dinge zu essen, die einem nicht guttun. Das gehört doch irgendwie zusammen. Und was tut einem gut? Selbst Gekochtes! Möglichst »clean«, inspiriert von dem, was wir um uns haben. Frische Wiesen, bunte Märkte und vielleicht ein blauer See. Wenn wir Glück haben, das Meer.

Dazu braucht man natürlich keinen Campingbus. Ein Zelt, eine Decke, ein Grill und vor allem liebe Freunde reichen schon zum Glück. Und selbstverständlich kann man auch auf der Wiese um die Ecke sein ganz persönliches Outdoor-Glück erleben. Also los, ein paar Vorbereitungen erledigen, und raus mit euch!

SAUBER ESSEN

Das bedeutet nicht, dass die Zubereitung kompliziert ist. Im Gegenteil. »Clean Eating« bedeutet eigentlich nur, dass so gut wie keine industriell hergestellten Lebensmittel verwendet werden. Wer will das schon, wenn er sich gerade frischen Wind um die Nase wehen lässt. Gemüse, Obst, Salat, wenig Fleisch, Fisch und Vollkornprodukte sind die erste Wahl.

Wer so einkauft und kocht, verzichtet automatisch auf synthetische Zusatzstoffe, Süßstoffe, Zucker, Farb- und Aromastoffe, Geschmacksverstärker und Ähnliches. Das gilt natürlich ebenso für Getränke. Deswegen haben wir auch ein paar Drinks in das Buch gepackt.

REGELMÄSSIG ESSEN

Cool, oder?

Das hört man doch gerne, dass bis zu sechs Mahlzeiten am Tag durchaus drin sind. Da kommen unsere Outdoor-Kleinigkeiten wie gerufen. Kleiner Tipp am Rande: Der Balkon zu Hause gehört durchaus auch zu den bevorzugten »Outplaces«.

SAUBER BLEIBEN

Das Schöne am Unterwegssein ist, dass man oft einen viel klareren Blick für die guten Gelegenheiten bekommt. Da sieht man dann plötzlich einen kleinen Tante-Emma-Laden mit herrlichen Tomaten und anderen Leckereien, den man in der Eile sonst gar nicht wahrgenommen hätte.

Oder einen Wochenmarkt, der überquillt vor lauter leckeren Sachen. Der Einkauf dort macht unglaublich viel Spaß, und die Lebensmittel sind nicht vorverpackt wie im Supermarkt. Weniger Verpackung, weniger Müll. Auch das steht bei den Rezepten im Vordergrund. Manche Lebensmittel verpacken sich doch glatt selbst! Aber das werdet ihr im Buch noch feststellen.

Trotzdem braucht man natürlich ein paar Dinge für den Transport und die Zubereitung.

* Verschließbare Boxen und Schüsseln
* Schraubgläser in verschiedenen Größen
* Pergamentpapier
* leere Milchflaschen oder Ähnliches
* Kühlbox mit Kühlakkus
* Gefrierbeutel mit Zipper
* scharfes Messer
* einen Sparschäler, den man auch mal zum Käsehobel umfunktionieren kann

ZUM INHALT

Zur schnellen Orientierung haben wir die Rezepte in verschiedene Kategorien aufgeteilt. Dafür stehen diese Symbole:

Es gibt:

* Salate und Kleinigkeiten, die man zu Hause vorbereitet, um sie mitzunehmen
* Rezepte für Camping und Outdoor mit Grill
* Rezepte für Camping und Outdoor mit Kocher. Dabei reicht eine Flamme, und natürlich braucht man einen Topf und/oder eine Pfanne dazu.

Falls man mit einem Campingbus reist, kann man natürlich fast alle Rezepte vor Ort machen. Kommt eben auf die Ausstattung des Busses an. Schwierig wird es vielleicht mit den Broten. Die sind aber im Buch vertreten, weil Clean Eating besonders beim Backen spannend ist.

Zum Backen benutzen wir einen Umluftherd. Wer keinen hat und mit einem normalen Backofen arbeitet, rechnet einfach 20 Grad Celsius zur Temperaturangabe im Rezept dazu. Und bei einem Gasofen gilt die entsprechende Temperaturstufe nach Angabe des Herstellers.
Es gibt Lebensmittel, die eine Art Grundversorgung bieten. So zum Beispiel Polenta. Sie lässt sich sehr gut variieren und ist ein perfekter Allrounder. Muss also immer mit. Oder Bulgur. Auch super als Basis für viele leckere Rezepte.

Hier eine kleine Liste:

- Instant-Polenta
- Bulgur
- Instant-Brühe ohne Geschmacksverstärker (okay, ist industriell hergestellt, ist aber manchmal für den schnellen Geschmack wichtig)
- Umamipaste (ist auch industriell hergestellt, funktioniert aber wie ein natürlicher Geschmacksverstärker; ideal, wenn man wenig Gewürze mitschleppen will)
- Gewürze: Salz und Pfeffer natürlich und sonst alles, was man gerne mag. Gewürze unterwegs in anderen Ländern zu kaufen, ist auch immer eine tolle Sache. Da kann man nach Herzenslust andere Geschmäcke ausprobieren. Nur zu! Bei den Rezepten in diesem Buch kann man gut variieren und ausprobieren!
- Samen aller Art
- Nüsse
- Haferflocken
- Alternativen zu Haushaltszucker: Agavendicksaft, Ahornsirup, Kokosblütenzucker usw.
- Mineralwasser
- Kokosmilch, Mandelmilch usw.

DIE BESTE UNTERLAGE

Es soll ein gemütliches Picknick werden?

Dann sollte man auf jeden Fall eine Decke mit wasserabweisender Unterseite benutzen. Denn ein Plätzchen unter dem Baum, das sich erst ganz trocken anfühlt, kann mit der Zeit trotzdem ganz schön feucht durch die Decke kommen. Und das macht dann keinen Spaß und ist ungemütlich.

Spitzwegerich

ZUR SICHERHEIT DAS AUSSEHEN DER PFLANZEN NOCHMAL IM INTERNET CHECKEN!

WILDKRÄUTER-SPECIAL

Schaut euch um, was die Natur alles zu bieten hat!

Mit Wildkräutern kann man einfache Gerichte geschmacklich aufpeppen und auch noch zum Augenschmaus machen. Außerdem enthalten sie jede Menge gesunde Inhaltsstoffe, beugen Krankheiten vor oder können sogar gezielt als Heilpflanzen verwendet werden. Zu viele Mücken im Zelt gehabt? Ein Blatt Spitzwegerich zusammenrollen, ein Weilchen darauf kauen und den Saft auf die Stiche geben – hilft sofort!

Wildkräuter sollte man immer an naturbelassenen Stellen sammeln, wo nicht viele Hunde vorbeikommen und keine Felder nebenan sind. Nur das mitnehmen, was man kennt. Schon Gänseblümchen und Löwenzahn eignen sich gut als Zugabe im Salat oder für leckere Kräuterbutter, sowohl die Blätter als auch die Blüten. Die herbe Note des Löwenzahns kommt von seinen Bitterstoffen. Sie sind gut für die Leber und helfen beim Verdauen. Löwenzahn enthält fünfmal so viel Eiweiß, achtmal so viel Vitamin C und doppelt so viel Kalium, Magnesium und Phosphor wie Kopfsalat!

Aus Brennnesselblättern kann man würzigen Wildspinat kochen und die Samen der Pflanzen als »Superfood« über Müsli oder Suppen streuen. Die Blätter kurz in kochendem Wasser blanchieren, dann werden die Brennhaare zerstört. Am besten schmecken die zarten obersten vier bis sechs Blätter. Ein Blatt ganz außen fassen und den Stängel abschneiden, dann verbrennt man sich nicht. Und falls doch: Spitzwegerich drauf ...

GEGEN DIE KLEINEN BIESTER

Seid ihr mit dem Grill unterwegs?

Dann habt ihr eine super Möglichkeit, Stechmücken zu vertreiben. Dafür braucht ihr ein paar Salbeizweige. Diese könnt ihr zum Schluss des Festmahls einfach auf den heißen Grill legen. Die Blätter verbrennen, und der ätherische Qualm vetreibt die lästigen Besucher.

EIN PAAR KLEINE VORBEREITUNGEN, UND SCHON KANN ES LOSGEHEN. HIER KOMMT DIE GARANTIE FÜR SOFORTIGEN VERZEHRSPASS AUF DER DECKE!

OVERNIGHT OATS

TO GO · 10 MINUTEN · 1 PORTION

Für die Flockenmischung

* 50 g Haferflocken
* 1 EL Chiasamen
* 140 ml Milch
* 2 EL Joghurt

Das ist die Grundmischung als Basis für ein cooles Frühstück. Alles Weitere bestimmen Sie selbst. Man kann statt der Milch natürlich alle anderen flüssigen Varianten verwenden: Mandel- oder Sojamilch, Kokosmilch oder einfach nur Wasser. Statt Haferflocken gehen auch alle anderen Arten von Flocken.

Wichtig ist auch, dass jeder eine andere Vorstellung von der gewünschten Konsistenz seines Frühstücks aus dem Glas hat. Wem die Mischung zu fest ist, der fügt am nächsten Morgen einfach noch etwas von seiner Lieblingsmilch hinzu.

Wenn man sich entschieden hat, gibt man alles einfach in ein Schraubglas, verschließt es, schüttelt den Inhalt durch und stellt es über Nacht in den Kühlschrank. Overnight eben. Am nächsten Morgen toppt man das dann mit allem, was man gerne mag.

Zu den Toppings

* Jede Art von Joghurt und Quark ist super.
* Meine neueste Entdeckung für ein bisschen Süße: Rote-Banane-Pulver, erhältlich in Drogerien oder Bioläden. Das gibt einen tollen Geschmack. Man gibt es am besten am Abend vorher schon in die Milch.
* Jede Art von Nüssen
* Obst, was das Zeug hält
* Obstpüree

OVERNIGHT OATS PIKANT

15 MINUTEN
1 PORTION

Für die Flockenmischung

- 50 g Haferflocken
- 1 EL Chiasamen
- 4 EL Sauerrahm
- 2 EL Wasser
- 1 Prise Salz

Für das Topping

- 1 EL Sauerrahm
- 1 TL frisch geriebener Meerrettich
- 1 Ei, hart gekocht, klein gewürfelt
- 50 g Lachs
- 1 TL Dill, gezupft
- 1 Spritzer Zitronensaft
- Salz für das Ei

Die Oats wie auf Seite 21 beschrieben zubereiten. Am nächsten Morgen das Topping in beliebiger Reihenfolge daraufgeben, das Glas zuschrauben und mitnehmen.

NUR DER FRÜHE VOGEL... NA, IHR WISST SCHON.

+ 20 Minuten Gehzeit
+ 20 Minuten Backzeit

BELEGTE BUTTERMILCHBRÖTCHEN

15 MINUTEN
8 STÜCK

Für die Brötchen

* 450 g Dinkelmehl
* 1 TL Honig
* 2 TL Salz
* 300 ml Buttermilch
* 20 g frische Hefe

Für den Belag

* 300 g Hähnchenbrustfilet, gegrillt
* 150 g Gouda
* 150 g Cheddar-Käse
* 1 EL Petersilie, gehackt
* 1 Prise Cayennepfeffer
* 2 Frühlingszwiebeln, in feine Ringe geschnitten
* Tomaten-Chutney (Seite 35)

1 Den Ofen auf 230 Grad vorheizen. Alle Zutaten zu einem glatten Teig verarbeiten und diesen 20 Minuten an einem warmen Ort gehen lassen. Dann aus dem Teig acht Brötchen formen und auf ein mit Backpapier ausgelegtes Backblech legen. Im vorgeheizten Ofen etwa 20 Minuten backen. Aus dem Ofen nehmen und abkühlen lassen.

2 In der Zwischenzeit die Hähnchenbrustfilets klein schneiden. Den Gouda und den Cheddar-Käse in eine Schüssel reiben und mit der Petersilie, dem Cayennepfeffer, den Frühlingszwiebeln und dem Tomaten-Chutney mischen.

3 Die Brötchen aufschneiden und mit dem Belag bestreichen. Zuklappen und verpacken oder Brötchen und Belag getrennt verpackt mit zum Picknick nehmen und vor Ort bestreichen.

IM MORGENGRAUEN GEBACKEN, UND DER TAG IST DEIN FREUND.

VOLLKORNBROT

+ 30 Minuten Gehzeit
+ 50 Minuten Backzeit

10 MINUTEN
1 BROT

* 500 g Dinkelvollkornmehl
* 1 Würfel frische Hefe
* 150 g Körnermischung
  (Sonnenblumenkerne, Pinienkerne, Leinsamen usw.)
* ½ TL Kümmelsamen
* 2 TL Salz
* 2 EL Apfelessig

Außerdem

* Kokosöl und etwas Vollkornmehl für die Form

1 Eine Kastenform mit Kokosöl auspinseln und mit Vollkornmehl ausstäuben.

2 Alle Zutaten zu einem Teig vermischen und diesen etwa 30 Minuten an einem warmen Ort gehen lassen.

3 Eine feuerfeste Schüssel mit Wasser in den unteren Bereich des Backofens stellen, den Ofen auf 200 Grad vorheizen und das Brot etwa 50 Minuten backen. Nach dem Abkühlen einfach in ein sauberes Tuch wickeln und mitnehmen.

QUARKBROT MIT FETA
UND GETROCKNETEN TOMATEN

+ 50 Minuten Backzeit
10 MINUTEN
1 BROT

- 450 g Dinkelvollkornmehl
- 50 g Lieblingsmüsli
- 2 Päckchen Weinstein-Backpulver
- 500 g Magerquark
- 2 Eier
- 2 TL Salz
- 1 TL Agavendicksaft
- 15 getrocknete Tomaten
- 1 TL getrockneter Oregano
- 200 g Fetakäse, in kleine Würfel geschnitten

Außerdem
- etwas Öl für die Form

1 Den Backofen auf 180 Grad vorheizen. Eine Kastenform mit Öl ausfetten.

2 Alle Zutaten, bis auf den Fetakäse, mit den Knethaken des Handrührers zu einem Teig vermischen. Zum Schluss den Fetakäse zugeben und vorsichtig einarbeiten. Er sollte in kleinen Stückchen bleiben.

3 Den Teig in die Form geben und im vorgeheizten Ofen etwa 50 Minuten backen. Aus dem Ofen nehmen und abkühlen lassen.

RICOTTABRÖTCHEN

+ 45 Minuten Backzeit

10 MINUTEN
8 STÜCK

- 450 g Dinkelvollkornmehl
- 50 g Haferflocken
- 2 Päckchen Weinstein-Backpulver
- 2 TL Kokosblütenzucker
- 500 g Ricotta
- 2 Eier
- 2 TL Salz

1 Den Backofen auf 180 Grad vorheizen und ein Backblech mit Backpapier auslegen. In einer Schüssel das Mehl mit den Haferflocken, dem Backpulver und dem Kokosblütenzucker mischen. Anschließend den Ricotta, die Eier und das Salz zugeben und alles mit dem Rührgerät (am besten mit den Knethaken) verkneten. Wenn nötig, noch ein wenig Wasser zugeben.

2 Aus dem Teig acht Brötchen formen und auf das Backblech geben. Auf der mittleren Schiene des vorgeheizten Ofens etwa 45 Minuten backen. Aus dem Ofen nehmen und auf einem Kuchengitter abkühlen lassen.

QUINOABRÖTCHEN MIT ZIEGENKÄSE

TO GO — 15 MINUTEN — 15 PORTIONEN

+ 50 Minuten Gehzeit
+ 20 Minuten Backzeit

- 1 Päckchen Trockenhefe
- 1 Spritzer Agavendicksaft
- 450 g Dinkelmehl
- 120 g Quinoamehl
- 1 TL Salz
- 1 Prise gemahlener Koriander
- Öl zum Bestreichen
- Chiasamen zum Bestreuen
- 200 g Ziegenkäserolle, in Scheiben geschnitten
- Weintrauben nach Belieben

1 Die Hefe in 300 ml lauwarmes Wasser einrühren, den Agavendicksaft hinzufügen und alles 10 Minuten quellen lassen. Das Dinkelmehl mit dem Quinoamehl mischen und die Hefemischung zugeben. Mit dem Salz und dem Koriander würzen, zu einem glatten Teig kneten und diesen 30 Minuten an einem warmen Ort gehen lassen.

2 Den Teig nochmals durchkneten und daraus etwa 15 Brötchen formen. Mit Öl bestreichen und mit Chiasamen bestreuen. Auf ein mit Backpapier ausgelegtes Blech legen. Die Brötchen mit einem Tuch abdecken und weitere etwa 20 Minuten ruhen lassen.

3 In der Zwischenzeit den Ofen auf 220 Grad vorheizen, dabei eine Schüssel mit Wasser in den Backofen stellen. Den Ziegenkäse auf die Brötchen legen und etwas in die Mitte drücken. Gegebenenfalls die Weintrauben in die entstandene Kuhle drücken. Die Brötchen auf der mittleren Schiene des vorgeheizten Ofens etwa 20 Minuten backen. Dann abkühlen lassen und transportsicher verpacken.

ROTE-BETE-AUFSTRICH

10 MINUTEN
6 PORTIONEN

* 6 EL Olivenöl
* 2 Zwiebeln, grob gehackt
* 4 Rote-Bete-Knollen, vorgegart, in Stücke geschnitten
* 200 g Fetakäse
* 100 g Pinienkerne oder Sonnenblumenkerne
* 1 EL Ahornsirup
* ½ Limette, Saft
* Salz, Pfeffer aus der Mühle

1 Esslöffel Öl in einer Pfanne erhitzen, die Zwiebeln darin glasig dünsten und in einen Mixer geben. Alle anderen Zutaten, bis auf Salz und Pfeffer, ebenfalls in den Mixer geben und zu einem schönen Aufstrich mixen. Mit Salz und Pfeffer abschmecken und in ein Schraubglas füllen.

FEIGEN-CHUTNEY

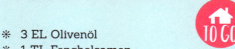

50 MINUTEN
6 PORTIONEN

* 3 EL Olivenöl
* 1 TL Fenchelsamen
* 100 g rote Zwiebeln, gewürfelt
* 5 EL Balsamicoessig
* 6 frische Feigen, gewürfelt
* 3 EL Akazienhonig
* 1 TL Thymianblättchen
* ½ Zitrone, Saft
* Salz, Pfeffer aus der Mühle

Das Öl in einem Topf erhitzen und die Fenchelsamen darin anrösten. Die Zwiebeln dazugeben und dünsten. Mit dem Balsamicoessig ablöschen und die Feigen, den Honig und die Thymianblättchen einrühren. Bei mittlerer Hitze etwa 40 Minuten köcheln lassen. Ab und zu umrühren und zum Schluss mit dem Zitronensaft und Salz und Pfeffer abschmecken. In mehrere kleine oder ein großes Schraubglas füllen und mitnehmen.

BUNTES TOMATEN-CHUTNEY

20 MINUTEN
6 PORTIONEN

* 2 rote Zwiebeln, fein gewürfelt
* 500 g bunte Cherrytomaten, klein geschnitten
* 2 Knoblauchzehen, fein gewürfelt
* 1 rote Chilischote, entkernt, klein geschnitten
* 1 cm frischer Ingwer, fein gewürfelt
* 1 EL Fenchelsamen
* 1 TL getrocknetes Basilikum
* 50 ml Apfelessig
* 4 EL Honig
* Salz, Pfeffer aus der Mühle

Alle Zutaten, außer dem Essig, dem Honig und Salz und Pfeffer, in eine beschichtete Pfanne geben und ein wenig einkochen lassen. Dann den Essig und den Honig zugeben und etwa 40 Minuten einkochen lassen. Mit Salz und Pfeffer abschmecken und in ein Schraubglas füllen. Schmeckt super zum Quarkbrot auf Seite 29.

LINSEN-CHUTNEY MIT ESTRAGON

20 MINUTEN
8 PORTIONEN

* 3 EL Olivenöl
* 1 Zwiebel, gewürfelt
* 1 Knoblauchzehe, gehackt
* 1 Tomate, gewürfelt
* ½ Dose Kokosmilch
* 1 Prise Salz
* Pfeffer aus der Mühle
* 1 TL Currypulver
* 1 TL gemahlene Kurkuma
* 1 EL Estragonblätter, gehackt

1 In einem Topf ½ Liter Wasser erhitzen, die Linsen hineingeben und 5 Minuten kochen. Die Linsen in ein Sieb abgießen und abtropfen lassen.

2 Das Öl in dem Topf erhitzen und die Zwiebel und den Knoblauch darin andünsten. Die Tomate zugeben und alles ein wenig einkochen. Die Linsen mit in den Topf geben, weiterkochen und nach und nach die Kokosmilch zugeben bis alles eine schöne Konsistenz hat. Mit Salz, Pfeffer, Curry und Kurkuma abschmecken. Den Estragon vorsichtig unterheben und das Chutney in ein Schraubglas füllen.

MANGO-LIMETTEN-CHUTNEY

TO GO

10 MINUTEN
8 PORTIONEN

- 100 ml Rapsöl
- 1 Zwiebel, fein gehackt
- 1 cm frischer Ingwer, klein gehackt
- 1 Knoblauchzehe, klein gehackt
- 1 TL gemahlene Kurkuma
- 1 kleine Chilischote, entkernt, klein geschnitten
- 2 reife Mangos, gewürfelt
- 1 Limette, Saft
- Salz, Pfeffer aus der Mühle
- 1 Prise gemahlener Kardamom

Das Öl in einer Pfanne erhitzen und die Zwiebelwürfel darin glasig dünsten. Den Ingwer und den Knoblauch dazugeben und ebenfalls mit andünsten. Die Kurkuma und die Chilischote zugeben und unterrühren. Dann die Mangowürfel hinzufügen und einige Minuten weich kochen. Mit dem Limettensaft ablöschen und mit Salz, Pfeffer und Kardamom abschmecken. In ein Schraubglas füllen und abkühlen lassen.

REZEPTE TO GO

CLEAN EATING IST DAS, WAS EIGENTLICH SELBSTVERSTÄNDLICH IST.

Mal ehrlich, was gibt es Besseres, als ganz frische Zutaten für unser Essen zu benutzen?

KALIFORNISCHER KARTOFFELSALAT
MIT WALNÜSSEN UND CRANBERRYS

30 MINUTEN
4 PORTIONEN

Für den Salat

* 750 g festkochende Salatkartoffeln
* Salz
* 2 Orangen, Filets ausgelöst
* 4 Stangen Staudensellerie, in feine Scheiben geschnitten

Für das Dressing

* 150 g Joghurt
* 1 TL Senf
* 1 unbehandelte Limette, abgeriebene Schale und Saft
* Salz, Pfeffer aus der Mühle
* ½ TL Kokosblütenzucker

Außerdem

* 1 Handvoll getrocknete Cranberrys
* 1 Handvoll Walnusskerne, grob gehackt

1 Die Kartoffeln mit Schale in Salzwasser 20 Minuten kochen. Dann abgießen, kurz abkühlen lassen, schälen und in Scheiben schneiden. Mit den anderen Zutaten für den Salat in eine Schüssel geben.

2 Für das Dressing den Joghurt mit dem Senf und Limettenschale und -saft vermischen und mit Salz, Pfeffer und dem Kokosblütenzucker abschmecken.

3 Das Dressing zu den Kartoffeln geben und zusammen mit den Cranberrys unterheben. Mit den gehackten Walnüssen bestreuen.

CALIFORNIA ROLL SALAD TO GO

45 MINUTEN
4 PORTIONEN

Für den Reis

- 300 g Sushireis
- 450 ml Wasser
- 1½ TL Salz
- 4 EL Reisessig
- 1 TL Zucker
- 4 EL Wasabipaste
- 50 g Mango-Mayo (Seite 95)
- 1 Avocado, entsteint, in kleine Würfel geschnitten
- 1 Gurke, gewürfelt
- 250 g Garnelen, gekocht

Für die Wakame

- 50 g Wakame-Algen, getrocknet
- 30 g heller Sesam
- 1 EL Limettensaft
- 1 Prise Zucker
- frisch gemahlener Pfeffer
- 2 EL helles Sesamöl

Außerdem

- Sojasauce

1 Den Sushireis in ein Sieb geben und unter fließendem kaltem Wasser so lange spülen, bis das Wasser klar abläuft. Den Sushireis gut abtropfen lassen. Das Wasser mit ½ TL Salz in einem Topf zum Kochen bringen. Den Reis darin zugedeckt etwa 20 Minuten bei schwacher Hitze kochen. Von der Kochstelle nehmen und zugedeckt weitere 10 Minuten ziehen lassen.

2 Den Reis in eine Schüssel geben. Den Reisessig erwärmen, 1 TL Salz und den Zucker darin unter Rühren auflösen. Die Mischung vorsichtig unter den Reis rühren. Die Schüssel mit einem feuchten Handtuch abdecken und den Reis vollständig erkalten lassen.

3 Inzwischen die Algen mit heißem Wasser übergießen und 10 Minuten darin einweichen. Den Sesam in einer heißen Pfanne ohne Fett hellbraun rösten, herausnehmen und abkühlen lassen. Die Algen ausdrücken und fein hacken. Alles in eine Schale geben und mit Limettensaft, Zucker und Pfeffer würzen. Den Sesam und das Öl untermischen und nochmals abschmecken.

4 Das Wasabi mit der Mayonnaise verrühren, unter den Reis mischen und auf Mitnehmboxen verteilen. Gurke, Avocado, Garnelen und Wakame darauf anrichten und bis zur Abfahrt kalt stellen. Die Sojasauce einfach mitnehmen, und wer mag, kann den Salat vor Ort zusätzlich damit würzen.

Wakame heißt eine der wichtigsten von rund 26 000 verschiedenen Algenarten und kommt in Japan fast täglich auf den Tisch. Wie alle Algen liefert auch Wakame viele Proteine, Vitamine und Mineralstoffe. Wakame enthält sogar mehr Vitamin B12 als Fleisch.

REZEPTE TO GO 43

20 MINUTEN
4 PORTIONEN

- 200 g rote Linsen
- 4 EL Olivenöl
- 1 Stückchen Knollensellerie, klein gewürfelt
- 1 Stange Lauch, weißer Teil, in feine Ringe geschnitten
- 1 TL Currypulver
- 350 ml Gemüsebrühe
- 1 EL Walnussöl
- 400 g Rote Bete, vorgegart, gewürfelt
- ½ Bund Petersilie, Blättchen abgezupft und grob gehackt
- 3 EL Weißweinessig
- 1 EL Honig
- Salz, Pfeffer aus der Mühle
- Avocado, entkernt, in Spalten geschnitten
- ½ Limette, Saft
- Walnusskerne, grob gehackt

1 Die Linsen in ein Sieb geben und unter fließendem Wasser abwaschen, bis das Wasser klar abläuft, dann gut abtropfen lassen. 1 Esslöffel Öl in einem Topf erhitzen und die Linsen darin mit dem Sellerie, dem Lauch und dem Curry etwas andünsten. Mit der Brühe ablöschen und 8–10 Minuten köcheln lassen. Danach in ein Sieb gießen, abtropfen lassen und zurück in den Topf geben. Vorsichtig mit dem Walnussöl vermischen und abkühlen lassen.

2 Die Rote Bete und die Petersilie zu den Linsen geben. Aus dem restlichen Öl, Essig, Honig sowie Salz und Pfeffer ein Dressing rühren und vorsichtig unter die Linsen heben. Die Avocadospalten auf den Linsen anrichten, mit dem Limettensaft beträufeln und nach Belieben mit Walnüssen bestreuen.

+ 45 Minuten Abtropfzeit
+ 3 Tage Marinierzeit

MARINIERTE RICOTTAKUGELN

TO GO — 10 MINUTEN — 8 PORTIONEN

- 250 g Ricotta
- Salz, Pfeffer aus der Mühle
- ½ TL Chiliflocken
- ½ Bund Schnittlauch
- 2 Knoblauchzehen, im Ganzen
- 2 TL bunte Pfefferkörner
- 300 ml Olivenöl
- frische Feigen nach Belieben

1 Den Ricotta in ein mit etwas Küchenpapier ausgelegtes Sieb geben und 45 Minuten im Kühlschrank abtropfen lassen. Herausnehmen und mit Salz, Pfeffer und den Chiliflocken würzen. Mit leicht feuchten Händen zu 16 Kugeln formen.

2 Die Ricottakugeln zusammen mit dem Schnittlauch, dem Knoblauch und den Pfefferkörnern vorsichtig in ein verschließbares Glas füllen. Mit dem Olivenöl bedecken und 3 Tage im Kühlschrank marinieren. Darauf achten, dass alles »unter Öl« ist. Dann kann man den Ricotta super mitnehmen und mit oder ohne Öl auf frisches Brot schmieren.

3 Wer will, kann noch Feigen klein schneiden und mit ins Glas geben.

REZEPTE TO GO

Unbedingt auch das Mango-Limetten-Chutney von Seite 37 dazu probieren!

CHIA-TORTILLA MIT PETERSILIENPESTO

TO GO — 30 MINUTEN — 4 PORTIONEN

- 200 g Vollkornmehl
- 50 g Chiasamen
- ½ TL Salz
- 2 EL Rapsöl
- 180 ml warme Milch oder Wasser, alternativ Soja- oder Mandelmilch
- etwas Vollkornmehl für die Arbeitsfläche

1 Das Mehl mit den Chiasamen und dem Salz vermischen. Das Öl hinzugeben und alles mit einer Gabel vermischen. Dann die Milch hinzufügen und so lange verrühren, bis sich eine Kugel bildet. Das geht am besten mit den Händen. Abgedeckt etwa 20 Minuten ruhen lassen. In der Zwischenzeit das Petersilienpesto (siehe folgendes Rezept) zubereiten.

2 Den Teig in etwa acht gleich große Portionen teilen und auf einer bemehlten Arbeitsfläche mit einem Nudelholz (oder einer geraden Flasche) sehr dünn ausrollen.

3 Eine große, beschichtete Pfanne erhitzen und die Tortillas darin nacheinander ohne Öl ausbacken. Das geht sehr schnell! Die Tortillas abkühlen lassen. Fertig ist die »Verpackung« für viele leckere Füllungen.

PETERSILIENPESTO MIT SESAM
REZEPT AUF SEITE 51

Wer Sesam nicht mag, kann auch Pinienkerne benutzen.

FÜR DAS PETERSILIENPESTO

- 1 Bund glatte Petersilie
- 50 g Sesamsamen
- 100 ml Olivenöl
- Salz, Pfeffer aus der Mühle
- 1 Spritzer Zitronensaft
- Olivenöl zum Abdecken nach Belieben

1 Die Petersilie fest zu einem Ball zerknüllen und klein schneiden. Auch die Stiele mitschneiden; in ihnen ist ganz viel Geschmack.

2 Den Sesam in einer Pfanne ohne Fett rösten. Wenn die ersten Samen zu springen anfangen, ist er fertig.

3 Die Petersilie, den Sesam und das Olivenöl in einen Mörser geben und quetschen, was das Zeug hält. So lange mörsern, bis die Petersilie weich geworden ist. Mit Salz und Pfeffer abschmecken und den Zitronensaft zugeben. Dann in ein Schraubglas füllen. Falls man nicht sofort in den Park zieht oder falls das Pesto für ein Campingwochenende vorbereitet wird, lieber den Inhalt noch mit einer Schicht Olivenöl abdecken und das Glas in den Kühlschrank stellen.

SANDWICH AUS DEM GLAS

10 MINUTEN
4 PORTIONEN

* 4 EL Hüttenkäse
* 2 TL süßer Senf
* Salz, Pfeffer aus der Mühle
* ½ TL Currypulver
* 4 Scheiben Vollkornbrot (Seite 27), klein gewürfelt
* 2 Hähnchenbrüste, gegrillt, in dünne Scheiben geschnitten
* 1 Mango, entkernt und gewürfelt
* 1 Bund Frühlingszwiebeln, in feine Ringe geschnitten
* Olivenöl
* 1 Schale frische Himbeeren nach Belieben

1 Den Hüttenkäse mit dem Senf vermischen und mit den Gewürzen abschmecken.

2 Die Hälfte der Brotwürfel auf vier Schraubgläser verteilen. Dann etwas Hüttenkäse auf das Brot geben. Aber nicht alles!

3 Die Hähnchenbrustscheiben und die Mangowürfel auf dem Hüttenkäse verteilen und mit Salz und Pfeffer würzen. Dann den Rest Hüttenkäse und Brotwürfel daraufgeben. Zum Schluss die Frühlingszwiebeln auf das Brot geben und mit ein paar Spritzern Olivenöl abschmecken. Gegebenenfalls mit den Himbeeren garnieren und verschließen.

Himbeeren sollte man am besten regional kaufen. Frisch vom Strauch schmecken sie einfach besser. Vielleicht ist ja ein Himbeerbauer in der Nähe... dann lohnt es sich, mal nach ganz frischen Früchten zu fragen.

TO GO: SÜSSKARTOFFELSALAT
MIT FENCHEL UND ORANGEN

30 MINUTEN
4 PORTIONEN

- 2 Süßkartoffeln, gewürfelt
- 1 Fenchelknolle, fein gewürfelt
- 1 EL Olivenöl
- 1 rote Zwiebel, gewürfelt
- ½ Tasse Gemüsebrühe
- 1 Becher Naturjoghurt
- ½ Zitrone, Saft
- Pfeffer aus der Mühle
- 1 Prise Kokosblütenzucker
- 1 Bund Dill, gehackt, oder andere Kräuter nach Belieben

Für obendrauf

- 2 Orangen, die Filets ausgelöst

1 In einem Topf mit Salzwasser die Süßkartoffel- und Fenchelwürfel etwa 5 Minuten garen. Die Kartoffelwürfel sollten allerdings nicht matschig werden. Lieber nach 3 Minuten mal probieren. Wenn sie weich sind, das Wasser abgießen und die Gemüsewürfel mit kaltem Wasser abschrecken und in eine Schüssel geben.

2 Das Olivenöl in den Topf geben und erhitzen. Die Zwiebelwürfel darin goldbraun andünsten und mit etwa der Hälfte der Gemüsebrühe ablöschen, vermischen und ziehen lassen. Je nach gewünschter Konsistenz nach und nach die andere Hälfte zugeben.

3 Den Joghurt mit den restlichen Zutaten vermischen und unter den Kartoffelsalat heben. Mit den Orangenfilets dekorieren und den restlichen Saft aus den bearbeiteten Orangen einfach mit den Händen über dem Salat ausquetschen.

Nussfreaks geben noch ein paar davon dazu.

KOHLSALAT MIT WASSERMELONE

TO GO — 10 MINUTEN — 4 PORTIONEN

+ 1 Stunde Ziehzeit

* 1 Rotkohl, ohne Strunk und in feine Streifen geschnitten
* 1 TL Salz
* 1 EL Ahornsirup
* 2 EL Essig
* 3 EL Olivenöl
* Pfeffer aus der Mühle
* ½ Wassermelone, entkernt, klein geschnitten
* 200 g Fetakäse, zerbröselt

1 Den Rotkohl mit dem Salz in einer Schüssel vermischen und 1 Stunde stehen lassen.

2 Aus Ahornsirup, Essig, Olivenöl und Pfeffer ein Dressing rühren und unter den Kohl geben. Die Wassermelone und den Fetakäse vorsichtig unterheben. *Fertig!*

SOMMERROLLEN

25 MINUTEN · 4 PORTIONEN

Was man für beide Füllungen braucht:

* Je 4 Reispapierblätter

Für die Salad-to-go-Füllung

* 1 rote Zwiebel, in feine Streifen geschnitten
* 2 Karotten, in dünne Streifen geschnitten
* ½ Salatgurke, in Streifen geschnitten
* ½ Bund glatte Petersilie, Blättchen abgezupft
* 2 EL Pinienkerne
* 1 EL Limettensaft
* 100 g Fetakäse, zerkrümelt
* 1 Lollo bianco
* 1 Avocado, entkernt, in feine Streifen geschnitten

Für die Tomaten-Mozzarella-Füllung

* 1 Kugel Büffelmozzarella, in kleine Stücke gerissen
* 8 Cherrytomaten, geviertelt
* 8 Blätter Basilikum
* 100 g Rucola
* 2 EL grob geriebener Parmesan
* Salz, Pfeffer aus der Mühle

1 Die Zutaten für die Salad-to-go-Füllung, außer Lollo bianco und Avocado, in einer Schüssel mischen. Die brauchbaren Blätter des Lollo bianco abtrennen.

2 Die Zutaten für die Tomaten-Mozzarella-Rollen liegen ja schon bereit.

3 Die jeweiligen Zutaten für beide Dips verrühren.

4 Jetzt einfach in den jeweiligen Dip tunken und schmecken lassen.

Für den ersten Dip

- 100 ml helle Sojasauce
- 1 TL Tomatenmark
- 1 TL Agavendicksaft

Für den zweiten Dip

- 150 ml Olivenöl
- 1 Spritzer Zitronensaft
- 1 TL Agavendicksaft
- Salz, Pfeffer aus der Mühle

GAZPACHO MIT KLEINKRAM
zum Löffeln

- 300 g Tomaten, vom Stielansatz befreit
- 1 rote Paprikaschote, entkernt, geviertelt
- 1 Salatgurke, geschält, entkernt
- 1 Knoblauchzehe
- 1 EL Tomatenmark
- 4 EL Olivenöl
- Salz, Pfeffer aus der Mühle
- 1 EL Zitronensaft

Für den „Kleinkram"

- 2 Scheiben Vollkornbrot (Seite 27)
- 1 gelbe Paprikaschote, entkernt, klein gewürfelt
- 2 Eier, hart gekocht, klein gewürfelt
- 2 Tomaten, klein gewürfelt
- Salz, Pfeffer aus der Mühle

1 Die Tomaten, die Paprika, zwei Drittel der Salatgurke und den Knoblauch mit dem Tomatenmark und dem Olivenöl in einen Mixer geben und fein pürieren. Eventuell mit 5 Esslöffeln kaltem Wasser verdünnen und durch ein Sieb streichen. Mit Salz, Pfeffer und dem Zitronensaft abschmecken und in verschließbare Gläschen füllen. Vielleicht noch ein paar dicke Strohhalme dafür einpacken.

2 Für den »Kleinkram« alle Zutaten schichtweise in verschließbare Gläschen füllen und ebenfalls mitnehmen.

... zum Auslöffeln

GEFÜLLTE AVOCADOS

20 MINUTEN
8 PORTIONEN

✳ 4 Avocados, reif aber nicht zu weich

Für die Hähnchenbrust-Füllung

✳ 300 g Hähnchenbrust, in etwas Brühe gekocht
✳ 1 reife Mango, entkernt, gewürfelt
✳ 1 reife Banane
✳ Salz, Pfeffer aus der Mühle
✳ 1 TL Currypulver
✳ 1 Limette, Saft
✳ 1 EL Crème double
✳ 1 EL Petersilie, gehackt

Für die Mozzarellafüllung

✳ 1 Kugel Mozzarella, gewürfelt
✳ 10 Cherrytomaten, klein gewürfelt
✳ 1 Chilischote, entkernt, in feine Ringe geschnitten
✳ 1 EL Olivenöl
✳ Salz, Pfeffer aus der Mühle
✳ 1 EL Schnittlauchröllchen

1 Für die Hähnchenbrust-Füllung die Hähnchenbrust in kleine Würfel schneiden und mit der Mango in eine Transportschüssel geben. Die Banane mit einer Gabel zerdrücken und unter die Hähnchenbrustwürfel mischen. Mit Salz, Pfeffer, Currypulver und dem Limettensaft abschmecken. Die Crème double und die gehackte Petersilie unterheben und die Schüssel verschließen.

2 Für die Mozzarellafüllung alle Zutaten in eine Transportschüssel geben, gut miteinander vermengen und die Schüssel verschließen.

4 Vor Ort die Avocados halbieren, den Kern entfernen, mit den leckeren Füllungen füllen und auslöffeln.

HEALTHY PASTA

TO GO

20 MINUTEN
4 PORTIONEN

- 2 mittelgroße Zucchini
- 3 große Karotten
- 12 Cocktailtomaten, halbiert
- ½ Bund Radieschen, in feine Scheiben gehobelt
- 3 EL Olivenöl
- 2 EL weißer Balsamicoessig
- 1 TL Ahornsirup
- 1 EL getrocknete Minze
- Meersalz, Pfeffer aus der Mühle
- 1 Avocado, wer will

Außerdem mitnehmen

- 1 Handvoll Wildkräutersalat

1 Die Zucchini und die Karotten mit dem Spiralschneider in lange Spaghetti schneiden. Mit den Tomaten und den Radieschen in eine Schüssel geben. Öl, Essig, Ahornsirup und die Minze hinzufügen, mit Salz und Pfeffer würzen und alles gut vermischen. Das geht mit den Händen besonders gut.

2 In Transportboxen füllen und die Avocado und den Wildkräutersalat einpacken. Messer nicht vergessen!
Den Salat vor Ort untermischen. Wer will, kann die Avocado halbieren, den Kern entfernen, das Fleisch herausholen, in Spalten schneiden und auf den Salat legen.

Ab auf den nächsten Wochenmarkt!

Diese Pasta hat überhaupt nichts mit Nudeln zu tun. Die »Spaghetti« bestehen aus Zucchini und Karotten. Sie werden mit einem Spiralschneider geschnitten. Mit der Hand und dem Messer werden sie leider nicht so schön und kringeln sich auch nicht.

OBST UND GEMÜSE IMMER LOSE KAUFEN. DAS SPART ENORM MÜLL.

SÜSSKARTOFFELPOMMES-SALAT

Wenn ein Grill dabei ist ... noch besser!

50 MINUTEN
4 PORTIONEN

Für die Pommes

* 2 mittelgroße Süßkartoffeln, in Stifte geschnitten
* 2 EL Rapsöl
* Salz
* ½ TL gemahlene Kurkuma

Für den Salat

* 300 g Romanasalat, in Stücke gezupft
* 100 g Erdbeeren, geviertelt
* 5 Stangen grüner Spargel, in Stücke geschnitten
* 1 rosa Grapefruit, Filets ausgelöst

Für die Salatsauce

* 4 EL Olivenöl
* Salz, Pfeffer aus der Mühle
* ½ TL gemahlene Kurkuma
* 1 Limette, Saft
* 1 EL Ahornsirup
* ½ Bund Schnittlauch, in feine Röllchen geschnitten

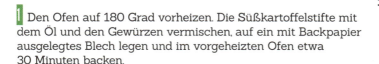

Ganze Wassermelonen kann man gut im See kühlen, bis man sie aufschneidet.

1 Den Ofen auf 180 Grad vorheizen. Die Süßkartoffelstifte mit dem Öl und den Gewürzen vermischen, auf ein mit Backpapier ausgelegtes Blech legen und im vorgeheizten Ofen etwa 30 Minuten backen.

2 Alle Zutaten für die Salatsauce mischen und in ein Schraubglas oder Ähnliches füllen.

3 Die Pommes aus dem Ofen nehmen, abkühlen lassen und in eine Transportschüssel geben. Salat, Erdbeeren, Spargel und die Grapefruitfilets obenauf legen.

4 Erst vor Ort den Salat mit der Salatsauce vermischen. Super würde jetzt noch ein gegrillter Fleischspieß passen!

KOHLRABI-APFEL-SALAT
MIT MINZE

30 MINUTEN
6 PORTIONEN

- 4 Kohlrabi, in kleine Schnitze geschnitten
- 2 Äpfel, geschält, in kleine Schnitze geschnitten
- 4 EL Apfelessig
- 2 EL Kokosblütenzucker
- 1 EL Walnussöl
- 100 ml Kokossahne
- ½ Bund Minze, klein gehackt
- ½ Bund Petersilie, klein gehackt
- 1 Chilischote, entkernt, in feine Ringe geschnitten

1 Die Kohlrabischnitze mit den Äpfeln in eine Schüssel geben.

2 Den Essig mit dem Kokosblütenzucker vermischen und das Öl und nach und nach die Kokossahne zugeben.

3 Das Dressing unter die Kohlrabi-Apfel-Mischung geben, alles gut vermischen und etwa 20 Minuten ziehen lassen.

4 Die Kräuter und die Chiliringe unter den Salat mischen und den Salat in kleine Einmachgläser zum Transportieren füllen. Der Salat schmeckt echt total frisch!

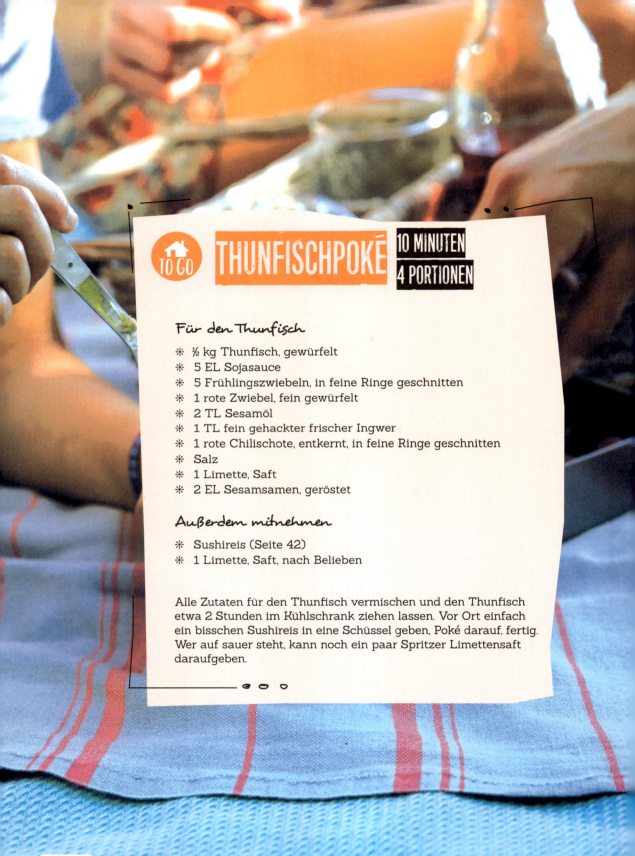

TO GO — THUNFISCHPOKÉ
10 MINUTEN — 4 PORTIONEN

Für den Thunfisch

* ½ kg Thunfisch, gewürfelt
* 5 EL Sojasauce
* 5 Frühlingszwiebeln, in feine Ringe geschnitten
* 1 rote Zwiebel, fein gewürfelt
* 2 TL Sesamöl
* 1 TL fein gehackter frischer Ingwer
* 1 rote Chilischote, entkernt, in feine Ringe geschnitten
* Salz
* 1 Limette, Saft
* 2 EL Sesamsamen, geröstet

Außerdem mitnehmen

* Sushireis (Seite 42)
* 1 Limette, Saft, nach Belieben

Alle Zutaten für den Thunfisch vermischen und den Thunfisch etwa 2 Stunden im Kühlschrank ziehen lassen. Vor Ort einfach ein bisschen Sushireis in eine Schüssel geben, Poké darauf, fertig. Wer auf sauer steht, kann noch ein paar Spritzer Limettensaft daraufgeben.

Bei Poké ist es natürlich wichtig, dass der Fisch ganz frisch ist. Wenn man es zum Picknick mitnimmt, kann man die Zubereitung auch gleich in einem Gefrierbeutel mit Zip-Verschluss erledigen. So kann man das Poké später gut in einer Kühlbox transportieren. Auch beim Campen kann man es so am besten kühlen.

Das Besondere an diesem Salat ist, dass man ihn auch roh zubereiten kann. Dafür braucht man nur ein halbes Stündchen mehr Zeit, denn er muss dann marinieren.

Hat man aber die Möglichkeit, den Blumenkohl ein bisschen zu rösten, so ist das natürlich auch super. Also je nachdem, einfach den Gegebenheiten anpassen!

BLUMENKOHLSALAT MIT MINZE
UND BUTTERMILCHDRESSING

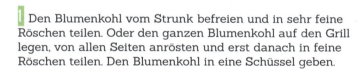

Wer will mit GRILL · 20 MINUTEN · 4 PORTIONEN

* 1 kleiner Blumenkohl
* 600 ml Buttermilch
* 2 Limetten, Saft
* 4 EL Rapsöl
* Meersalz, Pfeffer aus der Mühle
* 8 Zweige Minze, Blättchen abgezupft und grob gehackt
* 1 Salatgurke, in schmale Streifen geschnitten
* 2 EL Sonnenblumenkerne, Leinsamen oder was gerade da ist

1 Den Blumenkohl vom Strunk befreien und in sehr feine Röschen teilen. Oder den ganzen Blumenkohl auf den Grill legen, von allen Seiten anrösten und erst danach in feine Röschen teilen. Den Blumenkohl in eine Schüssel geben.

2 Für das Dressing die Buttermilch gut mit dem Limettensaft, dem Öl sowie Salz und Pfeffer vermengen. Vielleicht ist ein sauberes Schraubglas zur Hand. Das Dressing und die Minze über den Blumenkohl geben und vorsichtig vermischen. In der rohen Variante 30 Minuten ziehen lassen, bei der anderen ist es egal. Mit den Gurkenstreifen vermischen und mit den Sonnenblumenkernen bestreuen.

ZUCCHINIPÄCKCHEN TO GO

20 MINUTEN
6 PÄCKCHEN

- 2 mittelgroße Zucchini
- Salz
- ½ Rotkohl
- 3 EL Olivenöl
- 1 Zwiebel, fein gehackt
- 400 g gemischtes Hackfleisch
- Pfeffer aus der Mühle
- 1 Ei
- 4 EL Vollkornsemmelbrösel
- 2 TL getrocknetes Basilikum
- Chutney nach Belieben

Die Zucchini werden hier als essbare Verpackung benutzt. So kann man eigentlich alles, was nicht flüssig ist, gut mitnehmen.

1 Die Zucchini der Länge nach in Scheiben schneiden. Dafür braucht man ein scharfes, großes Messer. Die Scheiben salzen, etwa 10 Minuten Wasser ziehen lassen und anschließend mit Küchenkrepp trocken tupfen. Den Rotkohl in feine Streifen schneiden, ebenfalls salzen und beiseitestellen.

2 Das Öl in einer Pfanne erhitzen und die fein gehackte Zwiebel darin andünsten. Aus der Pfanne nehmen und mit dem Hackfleisch in einer Schüssel vermischen. Mit Salz und Pfeffer würzen, das Ei, die Vollkornsemmelbrösel und das Basilikum zugeben und alles gut vermengen.

3 Aus dem Fleischteig kleine Frikadellen formen, in der Pfanne ausbraten und herausnehmen.

4 Eine Grillpfanne erhitzen und die Zucchinischeiben darin von beiden Seiten grillen.

5 Je zwei Zucchinischeiben kreuzweise übereinanderlegen und je eine Frikadelle hineinlegen. Etwas Rotkohl daraufgeben. Das gibt später einen knackigen Biss. Wer mag, kann jetzt noch ein wenig Chutney seiner Wahl in die Mitte geben. Die Zucchinistreifen zuklappen und mit einem Holzspießchen verschließen.

Auch Couscous lässt sich so zum Mitnehmen verpacken. Einfach mal ausprobieren.

KOCHER

OB ES NUN DER KOCHER VOR DEM ZELT IST ODER GANZ KOMFORTABEL DER HERD IM BUS...

Es ist erstaunlich, was ein Töpfchen und eine kleine Flamme für einen hungrigen Magen alles tun können.

SCHNELLE PAELLA MIT HUHN

KOCHER · 15 MINUTEN · 2 PORTIONEN

- 3 EL Olivenöl
- 1 Zwiebel, gewürfelt
- 1–2 Hühnerbrüste, in Würfel geschnitten
- 50 ml Gemüsebrühe
- 6 Cherrytomaten, geviertelt
- ca. 100 g Meeresfrüchte nach Belieben
- 1 Beutel Express-Reis (okay, nicht clean … aber geht jetzt mal nicht anders … es soll ja schnell gehen)
- ½ Packung tiefgekühlte oder frische Erbsen, ausgelöst
- Salz, Pfeffer aus der Mühle
- ½ Döschen gemahlener Safran

1 Das Öl in einer Pfanne erhitzen und die Zwiebelwürfel darin andünsten. Die Hühnerwürfel zugeben und anbraten. Mit der Gemüsebrühe ablöschen und die Tomaten und gegebenenfalls jetzt die Meeresfrüchte zugeben.

2 Den Reis und die Erbsen untermischen, mit Salz, Pfeffer und dem Safran würzen und mit Alufolie abdecken. Etwa 8 Minuten auf kleiner Flamme köcheln lassen. Eine Paella ist dann perfekt, wenn der Reis ein kleines bisschen am Pfannenboden anklebt.

Habe ich mir von einer Freundin sagen lassen, die in Nordspanien lebt.

Das Rezept ist die Basis für eine Paella mit Fleisch. Je nachdem, was man für Einkaufsmöglichkeiten hat, besorgt man sich Meeresfrüchte, die man in der Paella mitgart, oder ein paar Garnelen für obendrauf. Der Safran macht übrigens den typischen Paellageschmack. Ohne geht es nicht wirklich.

TASSEN NICHT VERGESSEN!

Die Idee mit dem Tassenbulgur ist von den abgepackten Tassensuppen inspiriert. Da Bulgur einfach nur mit heißem Wasser übergossen werden muss und dann still vor sich hin quillt, ist er perfekt für Camping und Picknick. Ein kleiner Kocher, und schon kann es losgehen!

BULGUR AUS DER TASSE

20 MINUTEN
4 PORTIONEN
KOCHER

Pro Tasse mitnehmen

- 3 EL Bulgur
- 1 Prise Salz
- Wasser

Außerdem (zuhause vorbereiten)

- 4 EL Olivenöl
- 2 Brokkoli, gewaschen, in kleine Röschen geteilt
- 4 EL Sesam
- Salz, frisch gemahlener Pfeffer
- 1 Bund Frühlingszwiebeln
- 1 Bund Radieschen
- 2 rote Paprika
- Olivenöl

Noch dazu einpacken

- 1 Bund Petersilie
- 2 Zitronen

1 Das Olivenöl in einer Pfanne erhitzen und die Brokkoliröschen darin braten, bis sie etwas weich sind. Den Sesam hinzugeben und etwa 1 Minute weiterbraten. Mit Salz und Pfeffer würzen, aus der Pfanne nehmen und in einen Transportbehälter füllen.

2 Das restliche Gemüse waschen, klein schneiden und in Transportgefäße geben. Jeweils 1–2 EL Olivenöl dazugeben. So muss man für den Bulgur kein Öl mitnehmen.

3 Vor Ort den Bulgur mit dem Salz mischen, mit etwas heißem Wasser übergießen und 10 Minuten quellen lassen. Er sollte schön locker sein. Dann nach Herzenslust das mitgebrachte Gemüse daruntermischen. Wer will, kann mit ein paar Spritzern Zitronensaft abschmecken und einige Blättchen Petersilie untermengen.

GNOCCHI FÜR ZWEI

20 MINUTEN
2 PORTIONEN

Für die Gnocchi

* Salz
* 250 g frischer Ricotta
* 60 g Parmesan, gerieben
* ½ Zitrone, Saft
* ½ Tasse Vollkornmehl
* ½ Tasse Vollkornsemmelbrösel
* 2 Eier
* 4 Zweige frisches Basilikum, ganz klein gezupft

Außerdem

* etwas Mehl für die Hände
* 2 EL Butter
* Salz, Pfeffer aus der Mühle
* Parmesan, schon gerieben, zum Bestreuen
* frisches Basilikum, klein gezupft, zum Bestreuen

1 In einem Topf, der nicht zu klein sein sollte, Salzwasser zum Kochen bringen. Mit einer Gabel aus den Zutaten für die Gnocchi eine Masse herstellen. Das ist etwas klebrig, geht aber. Wenn das Wasser kocht, den Kocher etwas runterregeln. Die Gnocchi sollen darin nur ziehen.

2 Mit bemehlten Händen kleine Klößchen formen und vorsichtig ins Wasser gleiten lassen. Warten, bis sie an die Oberfläche kommen, und dann sofort abgießen. Im Topf lassen, die Butter zugeben und die Gnocchi darin schwenken. Mit Salz und Pfeffer abschmecken und mit Parmesan und Basilikum bestreuen.

DIREKT AUS DEM TOPF ESSEN UND SICH DABEI TIEF IN DIE AUGEN SCHAUEN!

Das Rezept ist für zwei Camper gedacht, die mal in einem kleinen Laden einkaufen können. Die Zutaten sind so banal, dass sie fast überall zu haben sind.

Und: wie romantisch, sich einen Topf zu teilen. :)

KOKOSSUPPE MIT FISCH UND INGWER

KOCHER — 10 MINUTEN — 4 PORTIONEN

- 500 g weißes Fischfilet (z. B. Kabeljau), in große Stücke geschnitten
- Salz
- 1 Dose Kokosmilch (400 ml)
- genauso viel Wasser, einfach in der leeren Dose abgemessen
- 2 TL Instant-Gemüsebrühe
- 1 TL fein gehackter frischer Ingwer
- 1 Chilischote, entkernt, klein geschnitten
- 1 Limette, Saft
- Pfeffer aus der Mühle
- Umamipaste

Die Fischfilets salzen und beiseitestellen. So werden sie durch das Salz schon vorgegart. Die Kokosmilch und die mit dem Wasser verrührte Gemüsebrühe zusammen mit dem Ingwer und den Chilistücken in einem Topf zum Kochen bringen. Die Fischstücke hinzufügen und die Suppe auf kleiner Flamme etwa 3 Minuten köcheln lassen. Die Suppe mit dem Limettensaft würzen und mit Pfeffer und Umamipaste abschmecken.

Super Rezept, wenn man an einem Fischladen vorbeikommt.

Super für Camping mit Kocher, geht aber sogar auf einem Grill. Der darf dann allerdings nicht mehr so heiß sein.

POLENTA MIT SPINAT UND ÖLSARDINEN

KOCHER — **20 MINUTEN** — **2 PORTIONEN**

* 3 Tassen Milch
* Salz
* 1 Tasse Instant-Polenta
* 2 EL Butter
* 3 Handvoll Jungspinat
* 1 Dose hochwertige Ölsardinen
* Pecorino, frisch gerieben
* 4 getrocknete Tomaten, klein geschnitten
* Pfeffer aus der Mühle

1 Die Milch in einen Topf geben, salzen und erhitzen. Die Polenta einrühren und aufpassen, dass keine Klümpchen entstehen. Bei kleiner Hitze etwa 15 Minuten quellen lassen, dabei ab und zu umrühren.

2 Die Butter einrühren und den Jungspinat vorsichtig unterheben. Mit den Ölsardinen, den Tomaten und dem Pecorino anrichten. Eine gute Ladung Pfeffer darübermahlen.

PIZZA CALIFORNIA AUS DER PFANNE

10 MINUTEN
1 PIZZA

Für den Teig

* 1 Tasse Dinkelvollkornmehl
* 1 Tasse Wasser
* 1 Prise Salz
* 1 TL getrocknete Kräuter

Für den Belag

* 100 g Frischkäse
* Salz, Pfeffer aus der Mühle
* 7–8 kleine Tomaten
* frische Kräuter zum Bestreuen
* ½ Avocado, entkernt, in Spalten geschnitten
* Olivenöl

1 Die Zutaten für den Teig verquirlen.

2 Für den Belag den Frischkäse mit Salz und Pfeffer würzen. Die Tomaten in einer Pfanne rösten, bis sie etwas braun sind. Dann herausnehmen und abgedeckt beiseitestellen.

3 Den Teig für die Pizza in eine geeignete Pfanne geben. Die kann beschichtet sein, Gusseisen geht aber auch gut. Den Teig in der Pfanne backen, bis er sich ablöst, dann schnell wenden und mit dem Frischkäse bestreichen. Die Tomaten auflegen und wieder warten, bis die Pizza sich löst. Dann aus der Pfanne nehmen, mit frischen Kräutern bestreuen und mit Salz und Pfeffer würzen. Die Avocadospalten hübsch darauf dekorieren und großzügig mit Olivenöl beträufeln.

CALIFORNIA DREAMING
AM SEE MACHT DOCH AUCH SPASS...
MAKE YOUR
DAY!

Den Süßkartoffelmash kann man zu allen Arten von Grillfleisch essen.

ODER EINFACH SO!

SÜSSKARTOFFELMASH
MIT PAPAYA UND CHILI

KOCHER · 20 MINUTEN · 4 PORTIONEN

- 1 kg Süßkartoffeln, geschält, in Stücke geschnitten
- Salz
- 1 reife Papaya, entkernt, geschält, in Stücke geschnitten
- Salz, Pfeffer aus der Mühle
- 1 rote Chilischote, entkernt, in feine Ringe geschnitten
- 1 kleine rote Zwiebel, fein gewürfelt
- Olivenöl
- 3 EL Kokosmilch
- 1 EL Kokosöl
- 1 EL Ahornsirup

1 Die Süßkartoffeln in etwas gesalzenem Wasser garen, bis sie weich sind.

2 In der Zwischenzeit die Papaya mit einer Gabel zerdrücken, mit Salz und Pfeffer würzen und die Chiliringe und die Zwiebelwürfel dazugeben. Mit Olivenöl abschmecken.

3 Von den Süßkartoffeln das Wasser abschütten. Die Kokosmilch und das Kokosöl dazugeben und die Kartoffeln mit einer Gabel zerdrücken, bis ein schöner »mash« entstanden ist.

4 Jetzt die Papaya darauf anrichten und ein bisschen Ahornsirup darübergeben. Das ergibt mit den Zwiebeln zusammen einen süß-würzigen Geschmack.

REZEPTE MIT KOCHER · 91

Eine Grillplatte und ein Kocher können manchmal einen Grill wirklich gut ersetzen.

NICHT RUMSITZEN... GRILL ANMACHEN!

Grillspieße vor dem Gebrauch immer gut wässern!

CLEAN EATER SIND AUCH IMMER AUF DIE UMWELT BEDACHT. DESWEGEN IMMER GRILLKOHLE MIT UMWELTSIEGEL UND ZERTIFIZIERTER HERKUNFT VERWENDEN.

Auf Tellern aus natürlichen Materialien schmeckt es uns nochmal so gut.

Ist eigentlich »to go« – brauchen wir aber für die Grillerei :)

MANGO-MAYO

TO GO · 5 MINUTEN · 6 PORTIONEN

- 100 g Cashewkerne
- 100 ml Wasser
- 1 Mango, gewürfelt
- ½ Limette, Saft
- Salz, Pfeffer aus der Mühle

Alle Zutaten im Mixer zu einer cremigen Masse pürieren und in ein Schraubglas füllen. *Fertig!*

Hokkaidokürbis hat den Vorteil, dass man ihn nicht schälen muss. Er ist meistens auch klein und handlich. Da muss man nicht so viel schleppen beim Einkauf.

KÜRBISKETCHUP

50 MINUTEN
6 PORTIONEN

- 1 kleiner Hokkaidokürbis, entkernt, klein geschnitten
- 500 g Tomaten
- 2 Zwiebeln, grob gehackt
- 1 Knoblauchzehe
- 3 EL Kokosblütenzucker
- 2 Kardamomkapseln
- 100 ml Weißweinessig
- Honig nach Belieben
- 1 TL gemahlene Kurkuma
- 1 TL Chilipulver
- Salz, Pfeffer aus der Mühle

1 Kürbis, Tomaten, Zwiebeln, Knoblauch, Kokosblütenzucker, Kardamomkapseln und den Essig in einen Topf geben und in etwa 100 ml Wasser zugedeckt 40 Minuten kochen lassen. Die Kardamomkapseln wieder herausfischen.

2 Den Inhalt des Topfes mit einem Pürierstab oder einem Standmixer fein pürieren. Das Kürbismus durch ein Sieb streichen und zurück in den Topf geben. Nach Belieben mit etwas Honig und den Gewürzen abschmecken und erneut aufkochen.

3 Das Kürbisketchup in sterile Gläser abfüllen. Fertig. Das Ketchup eignet sich als Geschmacks-Pusher zu allem.

Dieses Rezept kann man gut zuhause vorbereiten. Die Suppe am besten in einem Gefäß mit Schraubverschluss mitnehmen. Vor dem Verzehr noch etwas aufschütteln, und dann braucht man nur noch die Spieße zu grillen.

JOGHURTSUPPE MIT GARNELEN

20 MINUTEN
4 PORTIONEN

Für die Suppe

- 300 g Vollmilchjoghurt
- 3 EL Frischkäse
- 200 ml Buttermilch
- 3 EL Olivenöl extra vergine
- 100 ml Gemüsebrühe
- Salz, frisch gemahlener Pfeffer
- 2 TL Zitronensaft
- 1 Knoblauchzehe, gepresst
- 2 Frühlingszwiebeln, schräg geschnitten
- 1 rote Chilischote, entkernt, in kleine Stücke geschnitten
- 2 Zweige Minze, Blättchen abgezupft

Für die Spieße

- 10 Garnelen
- 2 EL Olivenöl extra vergine
- 2 Pfirsiche, in Spalten geschnitten
- gewässerte Grillspieße

1 Joghurt, Frischkäse, Buttermilch, Olivenöl und Gemüsebrühe in einer Schüssel verquirlen und mit Salz, Pfeffer und Zitronensaft abschmecken. Den Knoblauch in die Suppe geben und diese zugedeckt beiseitestellen oder zum Mitnehmen gleich in eine Glasflasche oder ein Schraubglas füllen.

2 Die Garnelen auf Grillspießchen stecken, mit Salz und Pfeffer würzen, mit Olivenöl beträufeln und grillen.

3 Die Pfirsichspalten ebenfalls auf Grillspießchen stecken und grillen

4 Die Suppe in Schalen oder Becher verteilen und mit Frühlingszwiebeln, Chili und Minze garnieren. Die Spießchen eintunken und abknabbern. Falls man die Löffel vergessen hat, kann man die Suppe auch einfach austrinken.

HMMMHHH

KALIFORNISCHE CHULETAS
SURF AND TURF

40 MINUTEN
4 PORTIONEN

- 2 Zwiebeln, gehackt
- 1 Bund Petersilie, Blättchen abgezupft
- 2 rote Chilischoten, entkernt, fein gehackt
- 500 g Rinderhackfleisch
- 1 Ei
- 40 g Parmesan, gerieben
- Salz, Pfeffer aus der Mühle
- 8 Garnelen, gekocht

Das Kürbisketchup von Seite 97 passt hier gut dazu.

Außerdem

- etwas Rapsöl
- 1 Handvoll Vollkornsemmelbrösel

1 Die Zwiebeln, die Petersilie und die Chilis zum Hackfleisch geben und alles mit dem Ei, dem Parmesan sowie Salz und Pfeffer durchkneten. Aus der Masse acht Kugeln formen.

2 Etwas Rapsöl auf ein Stück Alufolie geben und die Alufolie gleichmäßig mit den Semmelbröseln bestreuen. Die Kugeln darauf sehr flach zu Patties drücken. Jeweils in die Mitte eine Garnele drücken. Die Patties wenden und mit der anderen Seite in die Brösel drücken. In einer geeigneten Box verpacken und zwischen die Patties Pergamentpapier legen, damit sie beim Transport nicht zusammenkleben. Vor Ort dann auf dem heißen Grill von beiden Seiten schön braun grillen.

SO WERDEN SIE EINGEPACKT →

GEGRILLTER APFEL MIT KÄSEFÜLLUNG

GRILL — **25 MINUTEN** — **4 PORTIONEN**

* 4 Äpfel
* 1 kleine Zwiebel, gewürfelt
* 100 g Manchegokäse, klein gewürfelt
* 50 g Doppelrahmfrischkäse
* 50 g weiche Butter
* Salz, Pfeffer aus der Mühle
* 1 Prise Paprikapulver

1 Von den Äpfeln den Deckel abschneiden und das Kerngehäuse mit einem Messer ausschneiden. Die Öffnung noch ein bisschen aushöhlen, damit der Käse reinpasst.

2 Die restlichen Zutaten in eine kleine Schüssel geben und vermischen.

3 Die Äpfel etwa 10 Minuten auf den mittelheißen Grill stellen und dann mit der Käsemischung füllen. Wenn möglich, den Deckel des Grills schließen und die Käsefüllung schmelzen lassen.

4 Die Äpfel vom Grill nehmen und mit dem Feigen-Chutney von Seite 33 garnieren.

Hier ist von Vorteil, wenn der Grill einen Deckel hat. So kann die Hitze den Apfel auch von oben weich garen.

Lässt sich zuhause oder vor Ort zubereiten.

SCHWEINEFILET MIT MANGO UND ORANGE

40 MINUTEN
4 PORTIONEN

- 2 kleine Schweinefilets
- Salz, frisch gemahlener Pfeffer
- 200 g Frischkäse, Doppelrahmstufe
- 1 reife Mango, gewürfelt
- 1 große Orange, Filets ausgelöst
- 1 TL Koriandersamen, geröstet
- 1 TL Basilikum, gehackt

1 In die Mitte der Schweinefilets mit einem großen, scharfen Messer der Länge nach einen »Tunnel« schneiden. Das Fleisch innen und außen mit Salz und Pfeffer würzen.

2 Den Frischkäse mit den Mangowürfeln, den Orangenfilets, den Koriandersamen und dem Basilikum mischen und mit Salz und Pfeffer würzen.

3 Die Schweinefilets mit der Masse füllen und zum Mitnehmen fest in Frischhaltefolie wickeln. Kühl stellen. Vor Ort aus der Folie wickeln und auf dem Grill von allen Seiten etwa 10–15 Minuten grillen, bis es gar ist. Durch die Füllung wird das Fleisch garantiert nicht trocken.

KEBABSPIESSE MIT JOGHURTSAUCE

15 MINUTEN
6 PORTIONEN

+ 8 Stunden Kühlzeit

Für die Kebabs

* 600 g Rinderhackfleisch
* 1 Zwiebel, fein gehackt
* 3 EL glatte Petersilie, gehackt
* 2 EL Minze, gehackt
* 2 EL Pistazien, gehackt
* ½ TL Kreuzkümmel
* 1 Prise Zimt
* 1 TL Salz, Pfeffer aus der Mühle

Für die Joghurtsauce

* 1 großer Becher Naturjoghurt mit Deckel
* Salz, Pfeffer aus der Mühle
* 1 TL getrocknete Minze

1 Für die Kebabs das Hackfleisch mit allen Zutaten gut vermischen, zu einer Kugel formen und eingepackt in Frischhaltefolie über Nacht in den Kühlschrank legen.

2 Am nächsten Tag etwas Joghurt aus dem Becher löffeln, damit Platz für die Gewürze ist. Dann den Joghurt mit Salz und Pfeffer abschmecken, die Minze unterrühren und den Joghurtbecher mit dem Deckel verschließen.

3 Das Hackfleisch der Länge nach auf die Spieße formen, in eine Transportbox legen und möglichst kühl, zusammen mit dem Joghurt, auf den Grillplatz bringen. Auf dem heißen Grill rundherum schön braun werden lassen und mit dem Joghurt zusammen verputzen.

GEFÜLLTE CHAMPIGNONS

GRILL | **30 MINUTEN** | **6 PORTIONEN**

- 6 Riesenchampignons
- Salz, Pfeffer aus der Mühle
- 6 EL Frischkäse
- 2 Frühlingszwiebeln, in sehr feine Ringe geschnitten
- 2 rote Paprikaschoten, vorgegrillt, sehr klein geschnitten
- 1 TL Fenchelsamen
- 3 EL Oreganoblättchen
- 3 EL Parmesan, gerieben

1 Von den Champignons die Stiele herausdrehen und fein hacken. Die Champignonköpfe mit Salz und Pfeffer würzen. Den Frischkäse mit den Champignonstielen und den restlichen Zutaten vermischen und in die Champignonköpfe füllen. Das kann man auch gut alles auf der Picknickdecke machen.

2 Die gefüllten Champignons direkt auf den nicht mehr ganz so heißen Grill legen und etwa 10 Minuten grillen.

MANCHMAL IST EINFACH EINFACH MEHR.

REZEPTE MIT GRILL

ROSMARINSPIESSE MIT LIMETTEN-FISCH

GRILL — 10 MINUTEN · 4 PORTIONEN

- 8 Zweige Rosmarin
- 400 g Kabeljaufilet ohne Haut aus kontrollierten Fanggründen oder einer Zuchtstation
- 3 unbehandelte Limetten
- 2 dicke Scheiben Körnerbrot
- 2 EL Olivenöl
- Salz, Pfeffer aus der Mühle
- ½ TL Chiliflocken

1 Als Erstes sucht man sich einen Mann mit einem Taschenmesser und lässt ihn die Rosmarinzweige am unteren, holzigen Ende des Zweiges zum Spieß zurechtschnitzen.

2 Dann das Kabeljaufilet in etwa 2 cm große Würfel schneiden. Zwei der Limetten in Scheiben schneiden. Das Brot ebenfalls in 2 cm große Würfel schneiden.

3 In einem kleinen Gefäß aus dem Öl, Salz, Pfeffer und den Chiliflocken eine Marinade rühren. Abwechselnd den Fisch, die Limettenscheiben und das Brot aufspießen und mit der Marinade einreiben.

4 Jetzt die Spieße auf den Grill legen und 5–8 Minuten von allen Seiten grillen. Noch ein Tipp: den Spieß so lange auf einer Seite liegen lassen, bis der Fisch sich leicht vom Rost lösen lässt. Sonst zerfällt der schöne Spieß beim Umdrehen. Die restliche Limette vierteln und dazu reichen.

REZEPTE MIT GRILL 111

Unbedingt auch mal Ochsenherzen probieren. Aufschneiden, mit Salz und Pfeffer würzen und mit Zitronensaft beträufeln. Die Fischer vor Capri behaupten, das würde wie Austern schmecken.

SPARGEL IM LACHSKNOTEN

15 MINUTEN
4 PORTIONEN

* 800 g Lachsfilet, mit Haut, aber entschuppt
* Salz, Pfeffer aus der Mühle
* 1 Bund grüner Spargel
* 2 Zweige Rosmarin
* 1 Tomate, in Scheiben geschnitten
* 100 g Butter
* 1 Zitrone, Saft

Außerdem

* Bindfaden

1 Den Lachs in zwei Hälften teilen und die Fleischseiten mit Salz und Pfeffer würzen. Den Spargel mit dem Sparschäler in dünne Scheiben schneiden und auf eine der Hälften legen. Die Rosmarinzweige dazulegen und mit den Tomatenscheiben belegen. Die andere Lachshälfte auflegen und die Hälften wie ein Päckchen mit dem Bindfaden verschnüren. So kann man den Lachs auch vorbereitet zu einem Grill-Treffen mitnehmen. Man sollte ihn natürlich auf dem Transport kühlen und bald »vergrillen«.

2 Die Butter und den Zitronensaft in eine »Tüte« aus Alufolie verpacken und mitnehmen.

3 Den Lachs vor Ort auf den heißen Grill legen. Die Haut schützt das Fleisch vor dem Austrocknen. Nach ein paar Minuten wenden und die andere Seite ebenfalls ein paar Minuten grillen. Gegen Ende der Grillzeit das Butterpäckchen auf den Grill legen. Den Fisch vom Grill nehmen, aufschneiden, auseinanderklappen und mit der Zitronenbutter aus der Folie übergießen.

Übrigens schmeckt die knusprige Fischhaut echt super! Wie Fischchips.

ASIA HOT DOGS

+ 1 Stunde 20 Minuten Gehzeit
30 MINUTEN
4 PORTIONEN

Für die Karotten
* 4 mitteldicke Karotten
* 3 EL Rapsöl
* 1 EL Sojasauce
* 1 TL fein gehackter frischer Ingwer
* 1 TL Sesamöl
* 1 Prise gemahlene Kurkuma

Für die Chili-Mayo
* 5 EL Mango-Mayo (Seite 95)
* 1 Knoblauchzehe, fein gehackt
* 1 rote Chilischote, entkernt, fein gehackt
* 1 Limette, Saft
* Salz, Pfeffer aus der Mühle

Für die Hot-Dog-Buns
* 250 ml Milch
* ½ Würfel Hefe
* 1 TL Salz
* 2 TL Kokosblütenzucker
* 500 g Dinkelvollkornmehl
* 6 EL Rapsöl
* Mehl zum Kneten

Außerdem mitnehmen
* ½ Salatgurke
* 8 Zweige Koriander, Blättchen abgezupft
* 1 Handvoll Erdnüsse
* 1 Tube Wasabi nach Belieben

1 Die Karotten schälen und in heißem Wasser etwa 6 Minuten kochen. Mit kaltem Wasser abschrecken. Dann mit den restlichen Zutaten in einen Gefrierbeutel geben und darin marinieren. So können sie gut transportiert werden.

2 Für die Chili-Mayo die Mango-Mayo mit allen Zutaten gut vermischen und in ein Schraubglas füllen.

3 Für die Buns die Milch erwärmen und die Hefe mit dem Salz und dem Kokosblütenzucker darin auflösen. Das Mehl in eine Schüssel geben, die Milch und das Öl zugeben. Alles zu einem geschmeidigen Teig kneten und diesen an einem warmen Ort etwa 1 Stunde gehen lassen. Aus dem Teig auf einer bemehlten Arbeitsfläche Hot Dog Buns formen, auf ein mit Backpapier ausgelegtes Blech legen und nochmals 20 Minuten ruhen lassen. Den Ofen auf 175 Grad vorheizen. Die Buns etwa 15 Minuten backen. Dann aus dem Ofen nehmen, abkühlen lassen und mitnehmen.

4 Den Grill anfeuern. Die Karotten auf dem Grill von allen Seiten bräunen. Die Salatgurke in feine Scheiben schneiden. Die Hot Dog Buns der Länge nach aufschneiden und mit Chili-Mayo bestreichen. Die gegrillten Karotten reinlegen und mit Gurkenscheiben, Koriander und Erdnüssen belegen. Wer es scharf mag, gibt noch ein paar Tupfer Wasabipaste darauf.

Die Asia Hot Dogs müssen zu Hause vorbereitet werden und kommen einfach in ihren Bestandteilen mit zum Picknick mit Grill. Wer jetzt denkt, wir packen Würstchen in das selbst gemachte Hot-Dog-Brötchen – weit gefehlt!
Karotten sind die neuen Würstchen!

AUF NASCHEREIEN MUSS MAN ALS
CLEAN EATER AUF KEINEN
FALL VERZICHTEN.
WÄRE JA NOCH SCHÖNER.
UND COOLE DRINKS FEHLEN
SELBSTVERSTÄNDLICH AUCH NICHT.

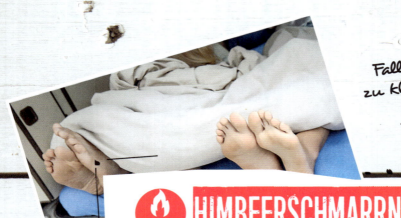

Falls die Campingpfanne zu klein ist, kann man den Schmarrn in zwei Portionen machen.

HIMBEERSCHMARRN

KOCHER FÜR ZWEI — **20 MINUTEN** — **4 PORTIONEN**

- 350 ml Pflanzenmilch
- 1 Tasse Vollkornmehl
- 2 EL Agavendicksaft
- 3 EL Kokosöl
- 1 Päckchen Weinstein-Backpulver
- 1 Schale Himbeeren
- 2 EL Nüsse, gehackt, nach Belieben

1 Alle Zutaten, bis auf die Himbeeren und die Nüsse, in eine leere Schraubflasche füllen und gut schütteln.

2 Eine beschichtete Pfanne erhitzen, den Teig hineingeben und backen, bis er auf der Unterseite leicht braun wird. Dann versuchen, den Teig zu wenden. Falls er dabei kaputtgeht, egal, denn er wird jetzt sowieso mit geeignetem Besteck in Teile zerrissen.

3 Jetzt die Himbeeren und gegebenenfalls die Nüsse zugeben, kurz weiterbacken und dann vernaschen.

NUSSRIEGEL TO GO

15 MINUTEN
12 RIEGEL

+ 1 Stunde Kühlzeit

* 150 g Cashewkerne
* 150 g Mandeln
* 50 g Kokosraspel
* 180 g Feigen
* 2 EL Backkakao
* 2 EL Kokosöl

Außerdem

* Kokosflocken
* Pistazien, gehackt

1 Die Nüsse, die Mandeln und die Kokosraspel im Mixer mahlen und in eine Schüssel geben. Die Feigen mit dem Kakao und dem Kokosöl mixen und zu der Mischung in die Schüssel geben. Alles mit den Händen verkneten.

2 Die Masse in eine viereckige Plastikbox drücken, die Kokosflocken und die Pistazien daraufgeben und etwas andrücken.

3 Mindestens 1 Stunde in den Kühlschrank stellen. Danach in Riegel schneiden und einzeln in Pergamentpapier packen.

SÜSSE POLENTASCHNITTEN
MIT ERDBEER-NEKTARINEN-TOPPING

 TO GO

+ 8 Stunden Kühlzeit

40 MINUTEN
4 PORTIONEN

Für die Polenta

* 400 ml Milch
* 1 Vanilleschote, ausgekratztes Mark
* 1 unbehandelte Zitrone, abgeriebene Schale
* 3 EL Kokosöl
* 2 EL Agavendicksaft
* 150 g Instant-Polenta
* etwas Zimt

Für das Topping

* 1 EL Ahornsirup
* 1 Nektarine, gewürfelt
* ½ TL Thymianblättchen
* 250 g Erdbeeren, geputzt
* 2 EL Chiasamen

1 Die Milch in einem Topf mit Vanillemark und -schote, der Zitronenschale, 1 Esslöffel Kokosöl und dem Agavendicksaft aufkochen lassen. Die Polenta einrühren und etwa 5 Minuten bei geschlossenem Deckel quellen lassen. Die Vanilleschote herausfischen und die Polenta etwa 1 Zentimeter dick auf ein mit Kokosöl gefettetes Blech oder Ähnliches streichen. Mindestens 1 Stunde auskühlen und fest werden lassen. Danach in kleine Rauten schneiden.

2 Das restliche Kokosöl in einer Pfanne erhitzen und die Polentaschnitten darin vorsichtig ausbraten. Aus der Pfanne nehmen, mit etwas Zimt bestreuen und erneut auskühlen lassen. Danach in eine luftdichte Transportbox verpacken.

3 Für das Topping den Ahornsirup in einem Topf erhitzen, die Nektarinenwürfel hineingeben und etwas schmoren lassen, bis sie weich sind. Die Thymianblättchen zugeben. Den Inhalt der Pfanne zusammen mit den Erdbeeren und den Chiasamen in den Mixer geben und pürieren. In ein Schraubgefäß füllen und einige Stunden oder über Nacht in den Kühlschrank stellen.

Die Marmelade auf die Polentaschnitten streichen und auf der Picknickdecke verputzen.

KOKOS-ZITRONEN-BANANEN-RIEGEL

TO GO — **40 MINUTEN** — **10 PORTIONEN**

* 2 EL Kokosöl
* 160 g zarte Haferflocken
* 5 EL Kokosraspel
* 2 EL Chiasamen
* 1 Banane
* 2 Zitronen, Saft
* 4 EL Apfelmark (ungesüßtes Apfelmus)
* 60 ml Ahornsirup

1 Das Kokosöl in einen kleinen Topf geben und schmelzen lassen. Je nach Außentemperatur ist es aber vielleicht auch schon im Glas flüssig.

2 In einer Schüssel die trockenen Zutaten (Haferflocken, Kokosraspel und Chiasamen) vermischen. Den Backofen auf 180 Grad Ober-/Unterhitze vorheizen. Eine kleine Auflaufform (etwa 20 x 20 cm) mit Backpapier auslegen.

3 Die Banane zerdrücken und den Zitronensaft zugeben. Das Apfelmark, den Ahornsirup und das erhitzte Kokosöl ebenfalls dazugeben und alles gründlich mit der Flockenmischung vermischen.

4 Die Masse in die Auflaufform geben, schön verteilen und festdrücken. Im vorgeheizten Ofen auf der mittleren Schiene etwa 20 Minuten goldbraun backen. Aus dem Ofen nehmen, ein paar Minuten abkühlen lassen und noch lauwarm vorsichtig in Riegel schneiden und auf einen Teller legen. Ganz auskühlen lassen. Verpackt halten sich die Energie-Bars im Kühlschrank etwa 1 Woche.

124 NASCHEREIEN

Das sind wirklich leckere Riegel zum Mitnehmen. Perfekt für die Mittagspause, beim Picknick oder beim Wandern.

KLEBREISROLLEN

MIT MANGOFÜLLUNG **30 MINUTEN**
+ 1 Stunde Kühlzeit
4 PORTIONEN

* 1 Tasse Klebreis
* 1 Dose Kokosmilch
* 1 EL Agavendicksaft
* 1 Prise Salz
* 1 Mango, klein gewürfelt
* 3 Datteln, klein gehackt
* 3 EL Kokosflocken
* 1 Bund Minze, Blätter abgezupft

1 Den Reis, die Kokosmilch, den Agavendicksaft und das Salz in einen Topf geben, aufkochen lassen und bei kleiner Hitze etwa 20 Minuten quellen lassen.

2 In der Zwischenzeit die Mango mit den Datteln und den Kokosflocken vermischen.

3 Den Reis vollständig auskühlen lassen. Dann jeweils eine kleine Handvoll Klebreis auf ein Stück Frischhaltefolie geben, dünn als Rechteck auslegen und auf den unteren Rand etwas Mangofüllung geben. Wie Sushi aufrollen, festdrücken und die Frischhaltefolie abziehen. Mit einem scharfen Messer in Rollen schneiden und die Minzblätter drumherum legen. Mit Zahnstochern fixieren und in geeignete Boxen legen.

FÜR SESAM-PISTAZIEN-BALLS

* 3 EL Mandelmus
* 50 g Pistazien
* 50 g Sesamsamen
* 50 g getrocknete Datteln
* 1 TL Kokosnussöl
* Sesamsamen zum Wälzen

RAW BALLS
PRO SORTE 10 MINUTEN
+ etwa 4 Stunden Kühlzeit

Jeweils die Zutaten in einen einigermaßen leistungsstarken Mixer geben und zerkleinern. Die Masse zu Kügelchen formen und 3 Stunden in den Kühlschrank geben. Danach in Transportboxen legen und essen, wenn die Puste ausgeht.

Begleiter mit Power bei Wanderungen oder anderen Aktivitäten. Sie schmelzen und kleben nicht und geben sooooo viel Energie. »Raw« sind sie, weil man keinerlei Hitze dafür benötigt.

FÜR LIMETTEN-BALLS

* 100 g Cashewkerne
* 50 g getrocknete Feigen
* 50 g getrocknete Datteln
* 100 g getrocknete Aprikosen
* 3–4 EL Limettensaft
* etwas frischer Ingwer,
* geriebene Kokosflocken zum Wälzen

FÜR HASELNUSS-BALLS

* 100 g Haselnusskerne
* 100 g getrocknete Pflaumen
* 4 TL Gojibeeren
* 2 TL Kokosöl
* ½ TL Macapulver für den Hallo-wach-Kick, nach Belieben
* 2 TL Amarant, gepoppt zum Wälzen

TO GO — POWERRIEGEL
10 MINUTEN · 10 RIEGEL

+ 60 Minuten Kühlzeit

- 180 g Haferflocken
- 2 EL gemahlene Nüsse, egal welche
- 1 Prise Salz
- 40 g Kokosraspel
- 20 g Trockenfrüchte, klein geschnitten
- 10 g Sesamsamen
- 1 Vanilleschote, ausgekratztes Mark
- 1 Prise gemahlener Kardamom
- 1 Prise Zimt
- 5 EL Agavendicksaft
- 7 große EL Kokosöl

1 Alle Zutaten, bis auf das Öl, in einer Schüssel vermischen. Das Kokosöl erwärmen, bis es flüssig ist, und ebenfalls in die Schüssel geben. Alles gut vermengen.

2 Eine eckige Form mit Backpapier auslegen, die Masse hineingeben und gut andrücken. Etwa 30 Minuten in den Kühlschrank stellen.

3 Die Masse mithilfe des Backpapiers aus der Form nehmen und in Riegel schneiden. Dann luftdicht verpacken oder, wenn man sie sofort mitnehmen will, einzeln in Pergamentpapier wickeln.

Minze passt auch immer gut dazu!

WASSERMELONE, HIMBEEREN, BLAUBEEREN

TO GO — INFUSED WATER
JE 5 MINUTEN

Am besten ist es, wenn man das vorher gekühlte Wasser in Thermoskannen mitnimmt. Idealerweise gibt man in die Thermoskannen noch ein paar Eiswürfel.
Basis ist natürlich Mineralwasser der Lieblingsmarke. Was man dann hineingibt, bleibt einem selbst überlassen. Man kann nach Herzenslust experimentieren.

BLAUBEERE, LIMETTE, SALBEI

GURKE, ZITRONE, MELISSE, STEVIA

TO GO — GURKEN-MINZ-LIMONADE

10 MINUTEN
4 PORTIONEN

* 1 Salatgurke, in Scheiben geschnitten
* 2 Zitronen, Saft
* 1 cm frischer Ingwer, fein gehackt
* ½ Bund Minze
* 1 unbehandelte Limette, in Scheiben geschnitten

1 Von den Gurkenscheiben ein paar zurückbehalten und die anderen mit 200 Milliliter Wasser in den Standmixer geben. Den Zitronensaft, den Ingwer und bis auf 2 Zweige die Minze hinzugeben. Alles auf höchster Stufe fein mixen. Danach durch ein Sieb geben und den Saft in ein Schraubgefäß füllen. Das ist die Basis für das Getränk.

2 Die Limettenscheiben und die restliche Minze transportsicher verpacken und vor Ort in Gläser geben. Etwas von dem Gurkensaft ins Glas geben und mit dem kalten Mineralwasser auffüllen.

Hier kommen wir leider nicht ganz ohne Zucker oder Ahornsirup aus, worauf es beim Clean Eeating aber eigentlich ankommt. Man kann natürlich Kokosblütenzucker dafür verwenden und eben nur ein Gläschen davon trinken.

TEILEN MIT FREUNDEN IST SOWIESO VIEL BESSER.

SALBEILIMO TO GO

5 MINUTEN
6 PORTIONEN

* 3 Zitronen, Saft
* 3 EL Ahornsirup
* 1 Bund Salbei

Den Zitronensaft mit 750 ml Wasser und dem Ahornsirup mischen. Den Salbei grob hacken, 1 Zweig zurückbehalten für die Deko. Den Salbei in die Limonade geben und die Limo mindestens 5 Stunden im Kühlschrank ziehen lassen. Dann abseihen und die Limo in eine Bügelflasche geben. Den restlichen Salbeizweig als Deko hineinstecken.

INGWERBIER TO GO

10 MINUTEN
6 PORTIONEN

+ 24 Stunden Ziehzeit

* 200 g Rohrohrzucker
* 150 g frischer Ingwer, fein gerieben
* 1 unbehandelte Limette, Schale dünn abgeschält
* 1 unbehandelte Orange, Schale dünn abgeschält
* 1 Lorbeerblatt
* 4 EL frischer Limettensaft

1 1 Liter Wasser mit dem Zucker zum Kochen bringen. Den Ingwer, die Zitrusschalen, den Limettensaft und das Lorbeerblatt dazugeben und 1 Minute kochen. Bei Zimmertemperatur abkühlen lassen und 24 Stunden in den Kühlschrank stellen.

2 Das Ingwerbier durch ein feines Sieb abgießen und in eine verschließbare Flasche zum Mitnehmen füllen.

APFELBOWLE MIT GÄNSEBLÜMCHEN

15 MINUTEN
6 PORTIONEN

- 2 Äpfel, entkernt, klein geschnitten
- 1 Limette, Saft
- ½ l kalter Früchtetee nach Belieben
- 600 ml kalter Apfelsaft
- 2 EL Ahornsirup
- 1 Handvoll Gänseblümchen von der Wiese

1 Die Apfelstücke mit dem Limettensaft vermischen, damit die Äpfel nicht braun werden, und in eine Transportbox füllen.

2 Den Früchtetee mit dem Apfelsaft und dem Ahornsirup mischen und in die Thermoskanne abfüllen. Sechs Becher oder Gläser einpacken.

3 Vor Ort Gänseblümchen suchen und waschen. Die Apfelstückchen auf die Gläser verteilen und mit der Teemischung aufgießen. Mit den Gänseblümchen dekorieren.

Am besten füllt man die gekühlte Teemischung zum Transport in eine Thermoskanne ab.

DANKE

An Urs Hunziker und sein Team vom AT Verlag. Es hat beim zweiten Buch mindestens so viel Spaß gemacht wie beim ersten. Wir freuen uns immer noch sehr, dass ihr mögt, was wir machen.

An Anna-Maria, Lea Sophie und Joe vom See. Ihr seid die absolute Überraschung gewesen. Es hat super Spaß gemacht mit euch. Danke, dass ihr vor der Kamera so unerschrocken wart. Und an Janine, Leonard und Pascal, die mit uns geduldig die Marienkäferattacke ausgehalten haben.

An Petra, die immer top vorbereitet ist.

An Susanne, mal wieder. Die beste Nachbarin. Immer für alles zu begeistern, sogar für ein spontanes Picknick am See.

An Francis Hughenroth und ihre Wildkräuteridee.

An Stefan Schneider von Schneiders Obsthof und der Marktscheune in Berkum. Ihm haben wir ein herrliches Plätzchen unter seinen Apfelbäumen zum Fotografieren und superfrische Produkte zu verdanken.

Und an alle anderen, die es mit uns aushalten, wenn wir im Buchfieber sind.

ANDREA MARTENS arbeitet und lebt in Bonn und blickt auf eine kreative Zeit in Werbeagenturen und Verlagen zurück. Ihre Passion ist alles, was mit Essen und Trinken zu tun hat. Ob Verpackungsdesign, Rezeptbroschüren oder eben Kochbücher. Und da sie meistens die »Hütte« voller Gäste hat, ist sie süchtig nach neuen Rezepten, interessanten Zutaten und frischen Ideen. Am glücklichsten ist sie, wenn alle um ihren großen Tisch sitzen und es sich schmecken lassen. Mit dem Kölner Fotografen Jo Kirchherr verbindet sie seit Langem eine kreative Freundschaft, die auch mal gegenseitige Kritik verträgt. Sie sind ein eingespieltes Team und versuchen sich trotzdem bei jedem Fotoshooting neu zu erfinden.

JO KIRCHHERR arbeitet und lebt in Köln. Seine Vorlieben sind Lifestyle-, Reise-, Werbe- und Foodfotografie. Im tiefsten Schwarzwald geboren, ist er mit einer schwäbischen Lässigkeit ausgestattet, die all seine Bilder ergreift, wenn es das Motiv erlaubt. Zu viel »Kopf« bringt einen bei Bildern manchmal nicht weiter. Das könnte man als seine Philosophie bezeichnen. Dazu braucht es aber das richtige Gefühl, und daran mangelt es ihm nie. Dies wurde auch schon oft mit Preisen wie dem »Gourmand world cookbook award« belohnt.

REZEPTVERZEICHNIS

A
Apfel mit Käsefüllung, gegrillt 102
Apfelbowle mit Gänseblümchen 139
Asia Hot Dogs 114
Avocados, gefüllt, zum Auslöffeln 62

B
Belegte Buttermilchbrötchen 24
Blumenkohlsalat mit Minze und Buttermilch-
   dressing 73
Brot/Brötchen
   Buttermilchbrötchen 24
   Quarkbrot 29
   Quinoabrötchen 31
   Ricottabrötchen 30
   Vollkornbrot 27
Bulgur aus der Tasse 81

C
California Roll Salad 42
Champignons, gefüllt 109
Chia-Tortilla mit Petersilienpesto 48
Chuletas, kalifornische, »Surf and Turf« 101

F
Feigen-Chutney 33

G
Gazpacho mit Kleinkram zum Löffeln 61
Gemüse-Pasta, »Healthy Pasta« 64
Gnocchi für zwei 82
Gurken-Minz-Limonade 135

H
Hackbällchen mit Garnelen, (Kalifornische
   Chuletas »Surf and Turf«) 101
Healthy Pasta 64
Himbeerschmarrn 118
Hot Dogs, Asia 114

J
Joghurtsuppe mit Garnelen 99

K
Kartoffelsalat, kalifornischer, mit Walnüssen
   und Cranberrys 41
Kebabspieße mit Joghurtsauce 107
Klebreisrollen mit Mangofüllung 127
Kohlrabi-Apfel-Salat mit Minze 69
Kohlsalat mit Wassermelone 57
Kokossuppe mit Fisch und Ingwer 84
Kokos-Zitronen-Bananen-Riegel 124
Kürbisketchup 97

L
Limonade
   Gurken-Minz- 135
   Salbei- 137
   Ingwerbier 137
Linsen-Chutney mit Estragon 35

M
Mango-Limetten-Chutney 37
Mango-Mayo 95

N
Nussriegel 120

O
Overnight Oats 21
Overnight Oats pikant 23

P
Paella, schnelle, mit Huhn 78
Petersilienpesto 51
Pizza California aus der Pfanne 88
Polenta mit Spinat und Ölsardinen 87
Polentaschnitten, süße, mit Erdbeer-
   Nektarinen-Topping 122
Powerriegel 131

Q
Quarkbrot mit Feta und getrockneten Tomaten 29
Quinoabrötchen mit Ziegenkäse 31

R
Raw Balls 128
Ricottabrötchen 30
Ricottakugeln, mariniert 47
Riegel
    Kokos-Zitronen-Bananen- 124
    Nuss- 120
    Power- 131
Rosmarinspieße mit Limetten-Fisch 110
Rote-Bete-Aufstrich 33
Rote-Linsen-Salat mit Roter Bete, Avocado und Walnüssen 44

S
Salbeilimo 137
Sandwich aus dem Glas 53
Schweinefilet mit Mango und Orange 104
Sommerrollen 58
Spargel im Lachsknoten 113
Süßkartoffelmash mit Papaya und Chili 91
Süßkartoffelpommes-Salat 67
Süßkartoffelsalat mit Fenchel und Orangen 54

T
Thunfischpoké 70
Tomaten-Chutney 35
Tortilla, Chia-, mit Petersilienpesto 48

V
Vollkornbrot 27

Z
Zucchinipäckchen 74

143

VIEL SPASS DRAUSSEN!